●生涯学習ブックレット

# 品性は生きる力

## ——生存の基盤を培う教育

北川 治男

# 目次

## 品性は生きる力——生存の基盤を培う教育

表紙デザイン——ＳＨＩＮ事務所

本書は、財団法人モラロジー研究所主催・「教育者研究会」愛媛会場（平成十七年）、八王子会場（平成十九年）、山口会場（平成二十年）などにおける講話の内容をもとに、加筆・編集したものです。

# はじめに

ご紹介いただきました北川でございます。私は千葉県柏市にある麗澤《れいたく》大学で教鞭《きょうべん》を執っています。麗澤大学では、法学博士廣池《ひろいけ》千《ち》九郎《くろう》（一八六六～一九三八）が創建したモラロジー（道徳科学）を建学理念にしておりまして、「道徳科学」という一年生の必修科目を担当させていただいております。あわせて「教職科目」も担当しております。

また、財団法人モラロジー研究所には、人材養成機関として「モラロジー専攻塾」があり、ここでは大学を卒業した青年男女が、二年間、モラロジーを通して人生の生き方を深く学んでいます。私は、その専攻塾の塾頭も兼務していまして、若者たちと一緒に学ばせていただいています。

私が強く感じていることは、今、社会や教育環境が大きく変わると同時に、子供たち自身も大きく変わりつつあるということです。私が日ごろ接しているのは大学生ですが、大学生の意識は、ここ十数年の間に大きく変化してきたように思います。特に、携帯電話が普及し始めるようになってからというもの、その傾向に加速度が付いたように感じます。

教室は、黒板があって壁で仕切られた空間です。以前ですと、学生は授業が始まると皆教室に入って、教師の話に耳を傾けることが当たり前の風景でした。しかし、このごろの学生は、いちおう正面を向いてはいますが、何となく目が虚《うつ》ろというか、意識が授業に集中せずに外へ向かって拡散しているように感じるのです。

その原因がこの携帯電話にあると思うのです。つまり携帯電話によって教室の壁が、壁としての役割を果たさなくなっているのです。携帯電話の電波によって、学生諸君はいつも外界とつながっているわけで、私は、意識の拡散というか、手応えの無さに苛立《いらだ》ちを感じることがあり、「学生諸君の気質がずいぶん変わってきたな」と感じているわけです。

## 若者たちが抱える悩みとその問題点――自尊感と規範意識の欠如

そういう若者にもいろいろな悩みがあります。それは同時に、彼らに接する私たち教師自身の悩みでもあります。

私は、若者たちが抱えるさまざまな悩みの原因となる問題点が、大きく二つぐらい挙げられるのではないかと思います。

一つは「自尊感の欠如」です。自尊感とは何でしょうか。それは、自分を尊重する感覚と申しましょうか、もっと平たく言うと「自分が好きである」という感覚です。ありのままの自分が好きである、良い意味で自信がある、自分のことが肯定できるというのが自尊感だと思いますが、今の学生諸君にはそういう自尊感がとても薄らいでいるように思います。多くの学生が、できれば他の性格の自分に生まれ変わりたいというような思いを持っていて、今の自分自身が嫌であるという「自己否定感」を持っている学生が、非常に多いような気がします。

学生に接していて感じることは、良い意味で自分に自信が持てる、自分を肯定できる学生は、しっかり目標を持って勉学に取り組んでいくことができる傾向にあるということです。ところが、自尊感が欠如している学生は、せっかく大学に入学したのに、〝自分は大学で何をやりたいのかがよく分からない〟というケースがとても多いように感じます。そして、そういう学生は自分探しの旅を続けていくわけです。

私は、できれば一年か二年の間にできるだけ早くその旅を卒業して、自分の人生を見つめ、与えられた人生をどのように生きていくのかを真剣に考えて、目を輝かせて勉学できるような態勢になってほしいと思うのですが、なかなか自尊感の欠如を払拭《ふっしょく》することができず、自分探しの旅をぐずぐずと続けてしまう学生諸君が多く、それは本人のためにも、国家社会のためにも、非常にもったいないと感じることがあります。

私は、学生諸君に「人間は皆、欠点も短所もある。確かに自分の嫌いな面もあるけれども、その欠点短所も含めて、そういう嫌な自分ともしっかり向き合っていけるようにしたいね」と話しかけ、自分をあるがままに受け止めていけるようにはたらきかけながら、授業に背を向けている学生にも、私のほうからはかかわりを断ち切らないように努めています。どのような学生ともかかわっていくことは、時に根気のいることですし、勇気のいることです。しかし、私は、そのように努力していきたいと願っています。

今、いわゆるニート（NEET）と呼ばれる若者が多くいます。仕事もしていない（Not in Employment）、学校にも行っていない（Not in Education）、職業訓練も受けていない（Not in Training）という十五歳以上三十五歳以下の若者の総称です。大学卒業生の六分の一がニート予備軍ともいわれていますが、統計によって総数はさまざまで、五十万人とも六十万人ともいわれています。現在の日本では、高齢社会の中で若い人たちの労働力が必要なときに、若者が十分な力を社会に発揮できないという状況は、日本社会にとってたいへん大きな問題だと思います。その原因の一つは、この若者の自尊感の欠如にあるのではないかと思うわけです。

二番目の問題点は、「規範意識の欠如」だと考えます。規範意識というのは、ルールをきちんと守るということです。あるいは、倫理や道徳を守っていこうというのが規範意識です。この意識が欠如しているのではないかと思います。

麗澤大学でも、夕方の五時限目ぐらいになりますと、教室が汚れてきます。あるとき、これではいけないと思いまして、学生に「学びの場である教室をきれいにしようじゃないか」と呼び掛けました。しかし、そういう呼び掛けはあまり学生諸君の心の中にメッセージとして届きません。ですから、教師の率先垂範《そっせんすいはん》が必要であると思い、授業が終わると、私自身がゴミを拾って廊下のゴミ箱に捨てるようにしました。ところが、率先垂範しても、学生諸君は「この先生、何やっているの?」というくらいの感覚でしかないのです。

そこで、これはどうしたものかといろいろ思案しました。そして、授業が始まるとき、あるいは終わったときに、「ちょっと周りを見渡してくれ」と言って、「目についたゴミを三つ拾って、それを廊下のゴミ箱に捨ててほしい」と、極めてマニュアルっぽく言うと半分ぐらいの学生が行動を起こしてくれました。

これは一つの些細《ささい》な例ですが、規範意識の欠如は若い人だけの問題ではありません。結局、若者が大きく変わりつつあるということは、大人が変わり、社会が大きく変わってきているということであり、その反映であると感じるのです。

## 若者たちの変化

最近私が目にした本の中から、どのように子供たちが変わりつつあるのかを的確に表していると思われる文章を引いてみました。少しご紹介してみましょう。

「今をエンジョイし、先の事は考えないというのは、考えてみると歴史上かつてなかった現象である。将来のことを心配しなくても何とかなるという豊かさの心理が、思考を停止させ自我の貧弱さをあらわにしたのである。このような現象は一種のアノミー状態といえる。アノミーとは、これまでの社会規範が社会の変化によって動揺・弛緩《しかん》・崩壊し、人間の欲望や社会的な行為の空白状態となることである」（千石保著『「普通の子」が壊れてゆく』ＮＨＫ出版、二〇〇〇年）

アノミーとは無秩序状態のことですが、要するに〝最低限これだけは守ろう〟といった人々の規範意識そのものが動揺・弛緩・崩壊しつつあり、それが現在の日本社会の現状ではないかという指摘です。そしてまた、個人の欲求が野放しになってしまった社会現象がその背後にあるのではないかということです。何かうなずけるような気がします。

次に、学校の中の出来事として、このような文章もありました。

「クラスのほぼ全体のメンバーが、管理者の集団統一意思に同調せず、自分がそこにメンバーとして属する社会的な意味の了解と承認を、退屈と倦怠の態度によって拒否しているのだ。それは生徒たちの日常感覚となってしまった」（小浜逸郎著「教師の現象学――近未来の教師像」、『こころの科学No.98』所収の論文、日本評論社、二〇〇一年）

ここで言う「管理者」とは学級担任のことです。学級担任は一生懸命自分のクラスをまとめたいと思っています。しかし子供たちは先生の気持ちに同調しないで、自分が学級の一員であることの意味を分かろうとしない。そして、とりあえず今、気持ちが良いのか悪いのか、愉快なのか不愉快なのかという感覚の中で、子供たちは漂っているという内容です。それが子供たちの日常感覚となっているのではないかという指摘ですが、これは恐ろしいことだと思います。

また、同じ著書で小浜氏は次のような指摘もしています。

「私生活は密室化した核家族中心に営まれるようになり、少なく生まれてきた子供に大きな養育のエネルギーが注がれるようになった。その結果、都会的な個人主義的感性が育ち、かつての学校空間におけるような集団主義の気風になじまない、繊細で傷つきやすく、気難しい心性の子どもが大量に出現した」

学校というのは、そもそも集団生活を通して友だちとの関係など、いろいろなことを学んでいく場です。しかし、そういう学校の集団主義的な雰囲気になじめない、非常に繊細で傷つきやすく、気難しい心根の子供たちが、今大量に出現しつつあるのではないかという指摘です。これも、もしそうだとしたらたいへん恐ろしいことだと思います。

このような問題は、国家社会に有用な人材を育てるための教育の大義名分に大きくかかわってきます。校長先生は、始業式や卒業式などいろいろな場で、子供たちに向けて「社会や人の役に立つ人間になりましょう」と必ずお話をされるわけです。それが教育の行われる理由であり、拠《よ》り所《どころ》です。ところが、それが子供たちの刹那的《せつなてき》な快・不快の原則の前に無力だとしたら、そんなメッセージは子供たちにはもう届きません。

「社会に貢献しましょう」などと、先生がどんなに口を酸っぱくしても、卒業式に出席している子供たちが「つまんねえなあ」というような快・不快の感覚や気持ちを優先させ、先生の願いが子供たちの頭上を素通りしてしまうとしたら、教育に何ができるのでしょうか。本当に大きな問題を抱えているという感じがします。

次の引用は、教師と生徒の人間関係を三つの類型に分けて、面白く表現しています。「贈与ゲームはいわば前近代的な人間関係の象徴である。役割ゲームは役割による立場上の上下を認めつつも、人と人とは対等に交換し合うもので、産業社会（近代前期）的なものである。いま全盛のエロスゲームは個が近代の理念どおり自立しようとしている主観（欲望）中心の精神のやり取りである」（諏訪哲二著『教師と生徒は〈敵〉である』洋泉社、一九九九年）

まずもっとも伝統的なものは「贈与ゲーム」です。これは、先生は人格識見ともに生徒よりはるかに優れていて、先生は子供たちに知識や人格的な感化を与えるというものです。それが昔ながらの教師と生徒の人間関係であったのです。しかし、それはもう古くなりつつあり、今は「役割ゲーム」です。これは、先生と言い生徒と言っても、それは役割の違い、立場上の上下関係であって、人間としては同等であるという考え方です。だから学校の中では、先生は教え、生徒は先生の言うことを聞くけれども、その根底には先生も生徒も同じ人間だという意識があるため、どうしても友だち感覚になっていくのです。

ところが今は、さらにその先をいっています。それが「エロスゲーム」です。「エロスゲーム」という言葉が適当かどうか分かりませんが、要するに欲望中心の精神のやり取りということです。著者は、さらに続けます。

「これはもちろん、消費社会的なものである。もちろん現実の社会における人間の関係は、この三つの位相が入り混じって交錯して展開している。教師と生徒のさまざまなトラブルの根源は、学校そのものが贈与ゲーム的な体質であり、教師が贈与ゲームと役割ゲームを往《い》ったり来たりして混乱しているとき、生徒が役割ゲームをケロッと抜け出して、エロスゲームの局面にいることである。エロスゲームでは本人の主観が納得しないことには、何も受け取らないし、意味を成さない。おそらく、すべての教師たちは、このことを経験しているはずである。贈与の論理を隠し持つ教師たちは、生徒がそのような状態にあること、そして、最終的には生徒が受け入れない限り、いかなる教育的営為も意味を成さないことを、わが痛みとして受容すべきである」（前掲書）

　エロスゲームは、極めて今日的な問題であると思います。先生だから尊敬しなければならないということではなく、相手は先生であろうと誰であろうと、子供にとって自分の欲求や欲望に反するものであれば平気で反抗するということなのです。それをこちらの反省の材料あるいは痛みとして受け止めていく以外に、教育というものは成り立たないのではないかということです。これは、私たち教師は経験的によく知っていることではないかと思います。

こうした視点から考えてみると、教室にいる児童生徒の変化の実態がよく見えてくるように思います。教師の辛いところはここにあるわけです。もちろん教師は子供たちに教育を受けることに耐えさせなければなりません。そこで教師は、「教育だからしっかり教えたい、教えなければならない」と思っているのですが、しかしそれを子供が受け取らなければ、言い換えれば、子供の心にその教師の思いが届かなければ、教師は教師として失格になってしまうわけです。要するに、伝えたいものがいっぱいある。何とか良くなってもらいたいという思いもある。しかし、子供たちがそれをメッセージとして受け取ってくれるまでは、本当に忍耐強く子供たちとかかわり合っていかなければいけないということです。そこに現代の教職の難しさがあり、痛みといったものを伴うゆえんがあるのではないでしょうか。

## 若者といかにかかわるか

では、私自身はどうかというと、暗中模索《あんちゅうもさく》の毎日と言えるかもしれません。私が教鞭を執る麗澤大学では、建学の精神を学ぶ「道徳科学」という授業が一年生の必修科目としてあり、週一回の授業を行います。学生諸君に倫理道徳の大切さを説くわけですが、本当に大切なことを納得してもらうためには相当な努力がいります。

中には〝倫理道徳なんてうさんくさい〟と思っている学生がいますから、最初は講義を聞く耳がありません。しかし私は、「私たちが生きていくためには、自分自身の人生観とか価値観というものが必要である。そういう価値観を自由に探究する時間として、この講義を考えている。ただし、麗澤大学は、廣池千九郎が創建したモラロジー（道徳科学）を理念としているので、当然それが私の講義の中心になる。けれども、それをどのように受け止めるかは、君たちの自由だ」というようなことを話しながら、学生諸君の心をだんだんほぐしていくわけです。

すると、初めは授業に消極的であった学生も、学期が進むにつれて、「人間が生きていくうえには、あるいは社会が秩序を保っていくためには、どうしても倫理道徳が必要不可欠であることが分かりました」というような感想が増えてきます。このような私の経験から言っても、教師は学生と本当に忍耐強く、辛抱強くかかわっていく以外にないと感じています。

若者といかにかかわるか――その決め手やノウハウは、私はないと思います。しかし、若者たちとかかわるという姿勢を持ち続けるということが大事であり、それ以外にはないのではないかと思います。教師がかかわる姿勢を遮断《しゃだん》してしまっては、そこには何も起こらないのです。たとえ、学生に無視されても、馬耳東風《ばじとうふう》と聞き流されても、〝いつか分かってくれる〟と、根気強くかかわり続けていくことが重要だと思います。

## 心の支えとなる廣池千九郎の教訓

そうした学生とのかかわりの中で、私自身の心の支えとなっている教訓があります。それはモラロジーの創建者である廣池千九郎が、四十歳代後半に旧制中学の校長を経験したときに、先生方に示した訓示です。ぜひこうしたことを念頭に置いて生徒指導を行ってほしいという内容ですが、その一節をご紹介します。

「叱っても構いません。怒っても構いません。その心にさえ慈悲を持っておれば構いません。厳格で叱るほうがよろしいのです。形に怒って心に怒らぬように願います。心に怒って形に優しいのは駄目です」

ここには明快な指針が示されています。叱るときはしっかり叱るということが必要だと思います。こちらが伝えたいことを相手が理解してくれるかどうかは分かりません。しかし、とりあえず〝伝える〟ということが重要なのです。若者に伝えたいことはきちっと伝えるということを、教師はもっと勇気を持って行っていかなければならないと思うわけです。

その際に、廣池千九郎は、「形に怒って心に怒らぬように願います」と言っています。つまり、慈悲心（思いやりの心）が教師にあれば、少々厳しくてもいい、むしろ厳格で厳しく叱るほうがいい。「何とか分かってくれよ。これは君にとってとても重要なことなのだよ」という相手を思う慈悲心さえあれば、厳しく叱責することも、大いに結構だということです。

もっともいけないのが、「心に怒って形に優しい」ということです。心の中では「本当にしょうがない学生だ」と、ムカムカと怒りを感じているにもかかわらず、〝ここで苦言を呈すると気まずい雰囲気が流れる。中にはしっかりと聴いている学生もいるから〟と、体裁だけをつくろってその場の雰囲気をいい加減に収めてしまうのがいちばんいけないことであると、廣池は言っているわけです。

ですから、私は、大学生であっても必要なときはしっかりと苦言を呈するように心がけています。近ごろは、茶髪は当たり前です。昔は一種の抵抗のシンボルでしたけれども、今はファッションですから、茶髪やいろんな色の髪の毛について何も申し上げることはありません。ところがこのごろは授業中に帽子をかぶっている学生がいるのです。ちょっとこれには抵抗があります。そのとき私は、「その帽子は、君のファッションかね」と聞くことにしています。そこまで言うと、たいていの学生は帽子を取ります。しかし、中には前に出て発表しなければいけない場面でも、平気で帽子をかぶっている学生がいるのです。そのときは、「人前に立つときは帽子は取って発表するのが礼儀だよ」と注意します。このようなことは当たり前の話なのですが、一部の学生はこうしてはっきり言わないと分からないのです。

以上のようなことはほんの一例ですが、昨今は、本当に若者の自尊感と規範意識が薄らいでいると感じます。やはり、私たち大人がいろいろな場で、若い世代に「こうすべきじゃないか。こうあるべきではないか」といったことを口が酸っぱくなるほど言いきかせながら、彼らとかかわっていくことが必要ではないかと思います。

## 「答申」に見る教育の変化と内容

以上のように、急激な社会の変動の中で、今、子供たちは大きく変わってきています。それに応じて、教育もまた柔軟に変わっていく必要があり、行政もここ十数年来、やつぎばやにさまざまな施策を出しています。

平成十年（一九九八年）に中央教育審議会から「幼児期からの心の教育の在《あ》り方について」という答申が出ました。その答申のタイトルは「新しい時代を開く心を育てるために」、サブタイトルは「次世代を育てる心を失う危機」というものでした。これは、子供の心を培ってやらなければいけない大人自身が、子供を育てる心を失いつつあるのではないかという、たいへんな危機意識に満ちた答申であったと思います。

その中で、あらためて子供たちに生きる力を身に付けさせようという提言があり、そのために「家庭の教育力を見直そう」「地域社会の力を活かそう」「心を育てる場としての学校を見直そう」という内容が盛り込まれました。特に、学校の道徳教育をもっと魅力のあるものにしていき、さらにカウンセリングの態勢をしっかり充実させていこうというようなことが提言内容として示されました。

次に、小渕恵三総理大臣の諮問機関として発足した「教育改革国民会議」での答申がありました。小渕総理亡き後は、森喜朗総理に引き継がれ、平成十二年（二〇〇〇年）の年末に「教育を変える十七の提案」が出ました。そこには、「人間性豊かな日本人を育成する」ことについての五項目をはじめとして、合計十七項目の提言がありました。

その提言に先立って、七月に公にされた審議の中間報告において、教育改革国民会議のメンバーであった作家の曽野綾子さんが、われわれ日本人は、今、豊かな社会、情報が飛び交う社会の中で、「自《みずか》らの存在を留めるべき錨《いかり》」を失っているのではないかと述べています。これはたいへんに重要な指摘だと、私は思います。

私たちの存在をつなぎ止めるべき錨をどこへ下ろすのか――。この報告の特色は、「教育の原点は家庭であることを自覚する」ということにあります。当たり前と言えば当たり前のことですが、「教育という川の流れの、最初の水源の清冽《せいれつ》な一滴となり得るのは家庭教育である」として、教育の原点は家庭であることが明確に述べられています。また「学齢期までの子どもの躾《しつけ》は、父母の責任と楽しみであり」「子どもは誉《ほ》められることと、叱られることとの双方に親の愛情を感じる」「また子どもは、父と母を本当は尊敬したいのである」といった内容を示しながら、一生懸命に生き抜く親の姿を子供に見せることが、家庭教育では極めて大切であると述べているわけです。

さらに、平成十五年（二〇〇三年）には、「新しい時代にふさわしい教育基本法と教育振興基本計画の在り方について」という中央教育審議会の答申が出されました。新しい教育基本法が必要であるというこの答申を受けて、平成十八年（二〇〇六年）十二月、安倍晋三内閣のもとで教育基本法が改正されました。

今日、わが国においては明治期、戦後に次ぐ第三の教育改革が進行中で、教育再生に向けてさまざまな施策が打ち出されています。近代学校教育制度の確立をめざした明治期の第一の教育改革における国民教育の理念は、「教育ニ関スル勅語」（明治二十三年、一八九〇年）に示されました。教育勅語には、わが国古来の忠孝両全の道に基づき、家族・個人・国民の守るべき万古不易の徳目が謳《うた》われていました。終戦までの五十五年間、わが国の国民教育の指針として重要な役割を果たしてきた教育勅語は、占領軍の圧力の下で廃されました。

連合国軍総司令部の占領政策の一環として教育の民主化の名の下に推進された第二の教育改革の理念は、「教育基本法」（昭和二十二年、一九四七年）に謳われました。そして西欧近代の個人主義・民主主義に基づく教育基本法が、戦後五十九年にわたりわが国の教育行政のあり方を方向づけ、国民生活に多大な影響を与えてきました。このように、戦前と戦後の教育理念に歴史的な非連続が存在したことは不幸なことでした。

新しい教育基本法はこの点の補正を企図して、人格の完成をめざし、平和な国家・社会の形成者となる国民を育成するという戦後の教育基本法の理念を受け継ぎながら、新たな教育目標として、生命を尊び自然環境を保全する態度、公共の精神に基づき社会の発展に寄与する態度、伝統・文化を尊重しわが国と郷土を愛する態度などを盛り込みました。また生涯学習の理念、家庭教育における父母・保護者の責任、法令を遵守《じゅんしゅ》し研究と研修に励むべき教員の使命についても明示されました。

個人の尊厳を重んじるという教育理念に基づく戦後の民主教育が、結果として個人の自己中心性を助長し、家族の絆を弱め、公共心や愛国心の亡失を招き、伝統・文化に対する愛着と誇りを失って、豊かな心と生きる力を喪失した国民を多く生み出してきたとすれば、その是正と改善こそ、今回の教育改革の課題と言わなくてはならないでしょう。

以上が、社会が変わり、子供が変わり、教育が大きな変換期を迎えていることに対する行政側のアプローチだと思います。

## 品性教育とは

さて、そうした行政レベルではなく民間のレベルで、今、注目されている教育理念があります。それは「品性陶治《とうや》」あるいは「品性教育」というものです。品性陶治は英語では「キャラクター・ビルディング（character building）」と言い、自分の品性を磨きあげていくということです。

今申し上げたように、わが国の教育は非常に難しい状況に置かれていますが、アメリカも同様にさまざまな教育問題に直面しています。そうした中で、アメリカにおける道徳教育の一つの運動として「品性教育（character education）」ということが注目されて、ここ数年、日本でも品性教育が話題に上るようになってきました。

「品性」「品格」という日本語は死語になってしまった感がありますが、最近、『国家の品格』（藤原正彦著、新潮新書、二〇〇五年）、『日本人の品格』（渡部昇一著、ベスト新書、二〇〇七年）、『女性の品格』および『親の品格』（坂東眞理子著、ＰＨＰ新書、二〇〇六年および二〇〇八年）などが相次いで出版され、品性・品格という言葉に関心が高まっていることは、興味深い社会現象だと思います。その言葉が再び道徳教育の改善・改革をめざす一つの方向として注目を浴びていることは、歓迎すべきことではないかと思います。モラロジーの教育観においても「子供たちの品性をいかに培うか」が、その中心的な課題に位置づけられています。教師自身がまず自らの品性を向上させていくことが重要であって、そのことを抜きにして、子供たちの品性を高めることも、また十全な道徳教育を行うこともできないというのが、モラロジー教育の立場です。そういう点から見ても、私はこの品性教育の動向に注目したいと思っています。

## 価値相対主義の社会と品性教育

それでは、なぜいったん死語になってしまった「品性」という言葉が、今あらためて注目されているのでしょうか。それは世の中があまりにも個人主義的・自由主義的な雰囲気になって、「価値相対主義」の社会になってしまったことに対する反省が生まれているからではないかと、私は考えています。

戦前は、「教育勅語」に示されていたように、多くの国民が日本の社会を築いていくための基本的な価値観を理解し、共有していた時代でした。ところが、戦後の教育の民主化によって個人の尊厳を重んじるという大きな福音《ふくいん》を得たと同時に、しだいに個人主義・自由主義が行き過ぎて、価値相対主義の社会に変化してしまいました。要するに、「価値観というものは皆が納得できるようなものはない。一人ひとりの顔・形が違うように、価値観も一人ひとり異なっているものであり、他人の価値観に対してどうのこうのと言うべきものじゃない」という考え方が一般化されたわけです。

しかし、「それは本当にそうだろうか?」という問い直しが、この品性教育の出発点だと、私は思うのです。

確かに、現在の多様な価値観の中で、これが絶対的に正しいというようなことは言えなくなっているのも事実です。今の時代は、「価値相対主義」から「価値絶対主義」に立ち戻るべきだと主張しても、多くの人には受け入れられません。しかし、そういう価値相対主義の土俵の上に乗りながらも、多くの人が共有できる価値観を探求することは可能です。例えば、家庭の中では、家族が話し合って、「わが家ではこれだけは皆で大切にしようじゃないか」というように、家族の共通の行動基準について何かしらの合意が当然あってしかるべきだし、またそうした合意がなくてはいけないと思うのです。

また学校でも、先生も職員も自校の教育目標を共通の価値として十分に認識して、子供たちに示していく必要があるわけです。その教育目標を実現するための十分な議論やコンセンサス（同意）づくりを否定しては、学校教育そのものが成り立ちません。

価値観は基本的に相対的なものであると思いますが、家庭や学校の中で何が大切なことか、あるいは何を大切にしていくのかということを、皆が心を開いて話し合うことで、「価値相対主義」を超えて、おのずとある種の合意が形成されるはずであり、またその合意が形成される必要があるということが、品性教育が叫ばれ始めた要因ではなかろうかと思います。

また、日本では、特に一九七〇年代後半から、子供の意見や感情をあるがままに受容し、大人がどうすべきかを指示することを差し控えて、子供たちが自発的に考え行動することを偏重する教育観が流行しました。しかし、私は、それは無原則な受容や甘やかしになってしまう傾向があったのではないかと思います。そうではなく、やはり人間としてあるべき姿を探求し、古くから是認され賞賛されてきた品性や徳というものを身に付けておくことが、心豊かな人生を送り、たくましく生き抜いていくために必要ではないでしょうか。また、勤勉、正直、親切、忍耐、粘り強さ、思慮深さといった徳目は時代や場所を超えて大切なことではないでしょうか。

私は、いきなり徳目主義に帰れということを言っているのではありません。子供たちに、昔から伝えられている徳目を教えることは容易なことではないと思いますが、「やはり人間として少なくともこれだけは守っていこうではないか」というようなことを、胸襟《きょうきん》を開いて話し合えば、おのずとそこに人間としての必要な徳性、品性というものがはっきりと確認できるはずだと考えるわけです。社会がアノミー状態、無秩序状態に置かれている今日だからこそ、そういう徳目をあらためてもう一度確認し直すべきではないかという願いが、この品性教育の考え方の根本にあると言えます。

## 品性教育の「5R」

品性教育では「5つのR」ということを言っています。学校教育の基本は「読み（reading）」「書き（writing）」「そろばん（arithmetic）」ですが、品性教育では、さらに「尊敬（respect）」と「責任（responsibility）」が加わります。これは、お互いの人格を尊敬し合うという気風を学校の中に培っていくことであり、学校というコミュニティに対する責任感を生徒一人ひとりの中に育てていくことです。それが品性教育の役割であると考えられています。

さて、このような品性教育を行っていくためには、まず学校自体を「思いやりのあるコミュニティ」にすることが大切です。それがないと、どんなに人間としての徳性や品性が大切だといっても子供たちに伝えていくことはできないからです。

次に、生徒は道徳的活動をする機会を必要とします。今、総合学習などさまざまな教育活動が行われていますが、子供たちが友だちとどのように協力して問題を解決していくべきかを考える場や環境をできるだけ多く提供していくことが必要ではないかと考えます。

さらに、学校は親やコミュニティのメンバーを、品性教育のパートナーとして迎え入れる必要があるということです。学校だけではどうしても限界があります。PTAや地域住民の協力を得ることが重要です。地域のおじさん、おばさんに来ていただいて、子供たちにお話をしていただくなど、あらゆる手立てを講じて人間として身に付けるべき徳性や品性の大切さと必要性を、子供たちに訴えていくことです。学校教育は、今そういう時期に来ているのではないかと思うわけです。（トーマス・リコーナ著、水野修次郎訳・編集『人格（品性）の教育――新しい徳の教え方学び方――』北樹出版、二〇〇一年参照）

## 「僕らのキャラクター・ビルディング」

少し古い話になりますが、平成十四年（二〇〇二年）、私は千葉県佐原市（現香取市）の竟《きょう》成《せい》小学校（潮田《うしおだ》光子校長）の授業参観に伺ったことがあります。その学校は、当時、歯の健康を推進する文部科学省の指定校として、歯の健康増進に取り組んでいる学校でした。校長先生は、「歯の健康の推進を単なる歯磨き運動にとどめたくない。これを私の現職における教育の集大成にしたい」とお考えになったのです。要するに、このプロジェクトでは、八十歳になっても自分の歯が二十本あるという健康概念を設定して、体の健康だけでなく心の健康も併《あわ》せて、子供たちをどのように育てていけばよいのかを検討し、各学年それぞれに具体的なプログラムを立案し、取り組まれたのです。

例えば、歯磨きも大切ですが、やはり幼いときから栄養に気をつけて食事を取ることがより大切です。そのために、地元在住の料理研究家の協力を得て、保護者の方にも学校へ来ていただき、地元産の旬の食材を使って子供たちと一緒に楽しく料理を作ったりしながら「食育」について考えるといった啓蒙運動も進められました。また、子供たちの心身の健康を増進していくために、発達段階にしたがって、地域の方から郷土芸能を教わったり、大病を克服し生き甲斐《がい》を持って生きておられる方々の体験談を聞いたり、また老人ホームを慰問してお年寄りとの世代間交流を経験させたりしました。歯の健康増進とそうしたプログラムを組み合わせて、生徒たちの体と心の健康を増進し、将来の夢を実現するために、今、何をすべきかについて自覚を深める「自己実現」というテーマにまで視点を広げて取り組まれたのです。

そのキャッチフレーズが「僕らのキャラクター・ビルディング」でした。私は、このような教育実践に出会い感激しました。また、「キャラクター・ビルディング」というネーミングに、その校長先生の見識の深さを感じ、心を打たれたのです。

## 品性は生きる力

私は、「品性は生きる力」であると思います。この「生きる力」について、四つのHという視点で考えてみたいと思います。

一番目は「head（頭）」です。これは知的な能力です。私たちは頭でものを覚えたり考えたりします。知識は豊富であるにこしたことはないし、さらに推理力や創造力や判断力といった知的な能力を訓練していけば、当然それは生きる力につながります。

二番目は「hand（手）」です。人間は手で物を作るという意味で、これは技術的な能力です。さまざまな技術を身に付けていたほうが、生きていくうえで役に立ちます。「ダブルスクーリング」といって、大学に籍を置きながら専門学校に行って、技術や資格を身に付けるという学生もいますが、各種の資格もこの分類に入ると思います。まさに、「hand」は生きる力として重要なものだと思います。

三番目が「heart（心）」です。〝Heart to heart〟と言われますが、われわれは、心と心を通わせながらコミュニケーションをするわけです。ですから、これは人と人間的に「つながる力」であり、これも生きる力としてとても重要なものです。どんなに知的な能力が優れていても、技術や資格を持っていても、人と人間的につながる力がないとそれらの力を活かすことができません。その意味において、この「heart」も重要な生きる力だと言えます。

さて、四番目は、「hara（肚《はら》）」です。これは単におなかを示す「腹」という意味ではなく、「あの人はなかなか肚の据《す》わった人だ」とか、何か難しい課題に直面したとき、「よし肚を据えてかかろう」という場合の「肚」です。これは困難のさなかにあっても、よく「もちこたえる力」です。少々困難なことがあっても、それを乗り切っていく力です。それを子供たちに培ってやることは、とても重要なことではないかと思います。この四つにさらに「health（健康）」を付け加えるべきかもしれません。

以上、四つあるいは五つの視点を述べましたが、私はこの中で特に「heart」と「hara」に注目したいと思います。この「heart」と「hara」は密接な関係にあるもので、私たちは人との心の交流を通して、自己の考え方や生き方について学び、しっかりした自己を確立していきます。人により深く理解される度合いに応じて自己自身の理解を深め、揺るぎのない自己を確立していくことができるのです。ここに人間存在の特質があります。私たちは逆に、困難に直面して肚を据えることができなければ、人に心を開くことができません。困難を前にして自信を喪失したり自分を見失ったりすると、私たちは、自己の殻に閉じこもってしまいたくなり、人に心を開いて豊かな人間関係を築いていくことが難しくなるのです。

このように「heart」と「hara」は共に基本的な人間関係能力であり、品性そのものであると言ってもいいのではないかと思うのです。品性を難しく分析的にとらえてもあまり意味がありません。いかに心を開いて人とつながることができるか。いかに困難に対処しそれを乗り越えていくことができるか。その意味で、人と「つながる力」である「heart」と、困難に遭遇《そうぐう》して「もちこたえる力」としての「hara」を掛け合わせた人間関係能力、それがこの品性であって、まさに生きる力の根源であると考えることができます。

ところで、「引きこもり」が一つの社会問題となっている今日、このような基本的な人間関係能力としての品性、生きる力としての品性を、家庭教育や学校教育の中で、子供たちに培っていくことが、切実に求められているのではないかと感じています。その意味において、私は「僕らのキャラクター・ビルディング」を、ぜひ二十一世紀の教育改革のキャッチフレーズにしたいと思うのです。

また、この「heart」と「hara」という生きる力を備えた子供たちを育てるには、私たち教師自身がやはり「heart」の力と「hara」の力の兼備した教師になっていなくてはならないと思います。それでは、しっかり肚を据えて自己自身のアイデンティティーを確立し、心を開いて豊かな人間関係を築いていくには、どうすればよいのでしょうか。

そのためには、私たちの生存の基盤となる「根っこ」をしっかりとつかんでいる必要があります。

## 生存の基盤を培う――アイデンティティーの確立

先ほど曽野綾子さんの「自らの存在を留めるべき錨」という言葉を紹介しました。それでは私たちは、豊かで便利な社会で漂流し続ける自分自身の存在をどこにつなぎ止めればよいのでしょうか。そのつなぎ止める場所が、われわれの生存の基盤です。

生存の基盤――それはまず第一番目に家族であり、二番目に国家であると、私は考えます。そして、もっとも基本的な共同体である家族と、もっとも包括的な共同体である国家に、しっかりと私たちの存在の根を下ろすことの大切さを教える教育が不可欠ではないかと、常々、私は感じています。これが生存の基盤を培う教育が意味するところです。

私が、このようなことに着眼した出来事がありました。それは、平成十年（一九九八年）九月二十一日、インドのニューデリーで開催された「国際児童図書評議会」の世界大会です。そのとき、国際児童図書評議会の事務局から、美智子皇后陛下にぜひ基調講演をお願いしたいという要請があり、皇后陛下はそれを快く受け入れられたのです。

ところが、当時、インドとパキスタン両国の核問題などがあり、現地へ赴《おもむ》かれることは差し控えられて、ビデオテープによって基調講演が行われました。その日の夜、その基調講演の一部がテレビのニュース番組で紹介されました。私は何げなくテレビを見ておりましたら、皇后陛下が英語で語られているシーンが放映されました。そして一語一語を丁寧に発音される美しい英語に心を奪われました。

数か月して、その基調講演の内容が、『橋をかける――子供時代の読書の思い出』(すえもりブックス、一九九八年)というタイトルで出版されました。早速、私は買い求めました。その本は、英語と日本語のテキストが共に収められたとても薄い本です。私は、皇后陛下が戦後半世紀の教育の中で日本人が失ってしまった何か大切なものをさりげなくお話しくださったような感じがして、たいへん大きな感動を覚えました。

その一節をご紹介します。

「今振り返って、私にとり、子供時代の読書とは何だったのでしょう。(中略)それはある時には私に根っこを与え、ある時には翼を与えてくれました。この根っこと翼は、私が外に、内に、橋をかけ、自分の世界を少しずつ広げて育っていくときに、大きな助けとなってくれました。(中略)そして最後にもう一つ、本への感謝をこめてつけ加えます。読書は、人生の全てが決して単純でないことを教えてくれました。私たちは、複雑さに耐えて生きていかねばならないということ。人と人との関係においても、国と国の関係においても」

先ほど、困難に遭遇しても「もちこたえる力」としての「hara」ということを申しましたが、皇后陛下が表現されるとこのような美しい言葉になるのですね。人生には必ず割り切れないことが次から次へ起こってきます。それは大人だけのことではなくて、子供にとってもそうであるとおっしゃる皇后陛下の鋭い感性に、私は感じいりました。

さらに、私たちの「根っこ」について述べておられます。それは、いわば帰属感とでも言っていいものです。別の言い方をすると、「自らの存在を留めるべき錨」の下ろし場所あるいは〝心のヨットハーバー〟と言ってもいいのかもしれません。

「父がくれた神話伝説の本は、私に、個々の家族以外にも、民族の共通の祖先があることを教えたという意味で、私に一つの根っこのようなものを与えてくれました。本というものは、時に子供に安定の根を与え、時にどこにでも飛んでいける翼を与えてくれるもののようです。もっとも、この時の根っこは、かすかに自分の帰属を知ったという程度のもので、それ以後、これが自己確立という大きな根に少しずつ育っていく上の、ほんの第一段階に過ぎないものではあったのですが」（前掲書）

自己確立という大きな根――それは私たちの「アイデンティティー」を意味すると思われますが、それは自分らしく生きることであると言い換えてもよいでしょう。自己のアイデンティティーを確立するためには、まずは〝心のヨットハーバー〟である家庭の中にしっかりとした帰属感や心の居場所を見出し、次には「ナショナル・アイデンティティー（国民としての自己認識）」とでも言いましょうか、日本人としてわが国の伝統文化に対する誇りをしっかり持って生きていくことが重要だと思います。私たちは、家族と国家というものにしっかりと存在の根を下ろしたときに、真の自己を確立し、アイデンティティーの確立した生き方ができるのではないでしょうか。そして、そのような生き方を促進する教育こそが、私たちの「生存の基盤を培う教育」なのです。そして私は、グローバル化時代の今日だからこそ、そうした教育が求められていると思うのです。

## 現実の親子関係は……

本来、われわれは家庭の中に心の居場所があれば精神的に安定して成長していくことができます。しかし、現実には、この当たり前のことが当たり前ではなく、親子の関係がどこかギクシャクしているケースが多いように思います。今日の親子関係を物語る一つの事例として「お母さんお願い」という詩を紹介します。

### 「お母さんお願い」

お母さん
頑張れガンバレと言わないでください
やればできるはずだと言わないでください
自分を捨てたら終わりだと言わないでください
おまえにできないはずがないなどと
無責任なことは言わないでください

お母さん
もうヘトヘトなんです
できる限りのことは精いっぱいやったのです
私なりに頑張ってがんばって

ガンバッタのですから
もうお説教はやめてください
励ましも聞きたくありません
言われなくても知っていることばかりです

お母さん
イライラオロオロしないでください
お母さんに責められなくても
わたしは自分をしっかり責めています
自分でも逃げているのだと思います
お願いだから休ませてください
マユの中に閉じこもらせてください
今はこれしか手がないのです

お母さん

わたしはお母さんから生まれたけれど
お母さんのものではないのです
わたしは私なのです

（六浦基著『わかってほしい――魂といのちのカウンセリング詩』広池学園出版部、一九九七年）

最近、問題になっている「引きこもり」も、その背景にこういった親子関係のゆがみがあるのかもしれません。親は子にとって良かれと思って世話をやくわけですが、こういう親と子の気持ちのズレが家庭の中には生じるわけです。

お母さんへの詩を紹介しましたので、今度はお父さんへの詩も紹介しましょう。

「お父さん」

お父さん
ぼくはそんなにダメですか
有名中学へ行けなかったからダメですか
一流高校へ入学できなかったからダメですか

バンドをやりだしたからダメですか
茶髪にしたからダメですか
お父さんがえらい人なのは知ってます
社会的に尊敬されているのも知ってます
残念ながら食わせてももらってます
でもぼくの言い分や悩みも聞かないで
怒鳴りつけるのはやめてくださいお父さん
お父さんはお父さんでぼくはぼく
反抗させているのはあなたです
殺したくなっているのはぼくなんです

（前掲書）

「お父さん」の詩の最後の一行にはギョッとします。昨今は、親殺しがよくニュースになります。今、日本社会ではマグマが噴き出るように、至るところでこういう現象が起こっています。親子関係は、まさに大きな試練に立たされていると感じます。つまり、家庭が子供にとって〝心のヨットハーバー〟になっていないということです。

さらにまた、私はある新聞を読んで驚いたことがあります。それは「優子」（仮名）という、ある母親の記事です。

「長女が一歳のころから『プツンと切れた』ように虐待するようになった。車の助手席で長女が食べ物をこぼしたとき、思わずカッとなって顔をたたいた。娘の鼻から血がだらだらと流れた。忙しい時にうるさく質問されただけで、感情が爆発した。自分を抑えられなくて、熱いアイロンを投げつけたり、宿題をしない息子に包丁を持ち出したこともあった。言葉の暴力も止まらなかった。『お願いだから、お母さんのために死んでちょうだい。あなたたちさえいなければ、悩まずこんな家、出て行ける。二人ともどっか行け。』気が付けば、怒鳴りちらす自分の物腰や言葉が父にそっくりだった。虐《しいた》げられて育った自分は人一倍強い人間だと思っていたのに、同じことをしていた。『自分は死んだほうがいいかもしれない』とまで考えた。悩んだ末に数年前から、（中略）カウンセリングを受け始めた。（中略）『虐待で抑圧されたエネルギーは、長く心に残る。それを親に向けることができなければ、いつか自分の子供に向けることになる。』巡る因果のような〝暴力の世代連鎖〟を断ち切るには、親との対決が必要なのだという。カウンセリングや、同じように児童虐待で悩む人たちとの対話を重ねるうちに、優子は約二年前から子供に手を上げなくなった。優子は今、覚悟している。心優しく育った長男が将来、家庭内暴力という形で自分に向かってきたとしても、それは仕方ないことなのだと」（『産経新聞』平成十五年〈二〇〇三年〉八月二十七日）

児童虐待には一言では片づけられない複雑な問題があります。ですから、よほど慎重に一つ一つの事例に対応していかなければいけないと思います。しかし、私はこの記事を見て驚きました。何に驚いたかというと、「親に抑圧されたエネルギーを爆発させなければ、それは子供に向かってしまう。だから、親と対決してその感情を爆発させなければいけない」というカウンセリングの内容にです。

私は、それは違うと思うのです。ある時期、精神的な意味で親と対決することが必要なのかもしれませんが、それで終わっていいのでしょうか。やはりそれを乗り越えて自分自身の生き方をしっかりと見つめ直し、いつかは親自身が自分の親と和らいだ関係に立ち戻らないと、こうした問題は根本的には解決できないのではないかと思うのです。

# 対人関係の原点は親子関係にある

ある心理学者は、親と子の関係について次のように言っています。

「親と仲のいい人間に悪人はいない。これは僕の持論でもある。精神分析のいい方でいえば、人生の最初の対人関係は父母と持つわけだから、その後の対人関係の原点はすべて親子関係なのである。（中略）父母に対する態度は対人関係の原点だ（中略）僕が共同で仕事に当たるとき、親孝行の人間なら、文句なしに信用してパートナーにする理由も、そこにある。（中略）

大学の教師をやっていると、いろいろな人と接触するのだが、どうも、親のありがたみがわからない人が多い。親を恨んでいる人はともかく、とりたてて親を懐かしむわけでもなし、憎むでもないという、親に対して中途半端の気持ちしか持ってない人がけっこういるようだ。これではいけない。親はありがたいものであるという実感を、ぜひとも持ってもらいたいと思う。それが生きるための力の源泉であるし、人生の感謝の源泉になるのである」（国分康孝著『心を開いて生きる』広池学園出版部、一九八六年）

ここにある「親に対する中途半端な気持ち」の箇所に目が止まりました。私はすでに両親を亡くしていますが、今でも時々、父に対しては、自分の存在を支えていた基盤の底が抜けてしまったような頼りなさを、母に対しては、自分を温かく保護してくれていた覆いが取り払われてしまったような切なさを感じることがあります。「後悔先に立たず」なのですが、私自身も父母が元気なうちに、もう少し〝中途半端ではない関係〟を築いておくべきだったと思うことがあるのです。

私は、このようなことを宗教家が言うのであればともかく、心理学者が言っていることにたいへん興味深く感じました。人生に辛いことと苦しいことはつきものです。しかし、「自分の親と和らいだ関係」を保持し、親の有り難さを実感として味わうことができるとき、私たちはこの世でいのちを与えられて人生が送れるということ自体が有り難いと感じられ、生きる力も湧きあがってくるというのです。

昔の人は、「孝は百行の本《もと》である。だから親孝行せよ」と教えました。しかし「親はありがたいものであるという実感」こそ「生きるための力の源泉」であり、「人生の感謝の源泉」であるというのは、親孝行の心理学と言ってもいいのではないかと思います。人間は、家族や親とのかかわりの中で〝心のヨットハーバー〟を見出したとき、おのずと生きる力が湧いてくるように思われます。そこに人間存在の不思議さがあると思うのです。

## 親はいかにして子供に心の居場所を与えるか

財団法人モラロジー研究所では、社会人を対象としたさまざまな心の生涯学習講座やセミナーを開催しています。その中で、一時期、二十歳代の未婚の女性を対象とした「女性講座」を開催しておりました。その講座では、三か月間、受講生は親元を離れて寮生活を経験しながら、午前中はモラロジーの勉強や人生観・価値観に関するいろいろな学習を行い、午後は料理やお花やお茶、裁縫や編み物といった生活実技、夜は主に寮内で受講生同士での話し合い学習を行うというようなカリキュラムが組まれていました。

若い人々にとっては、長期間、親元から離れて生活するという機会は少ないので、受講期間の半ば一か月半ほど経ったころに、「父母を語る研究会」というものを行っておりました。それは、受講生が自分と両親のかかわりをあらためて見つめ直し、作文に書き、皆の前で発表するという内容です。

私もその研究会にはできるだけ出席するようにしていましたが、実にさまざまな親子関係があることを感じました。

その中で、私が特に印象に残っている発表があります。それは、両親の離婚を経験したお嬢さんの発表です。彼女は、「皆さんの前で父母を語るのはとても緊張します。でも、皆さんには私の本物の家族を見てほしいと思います」と言って発表を始めました。そして、自分の小学校時代を振り返り、その当時は両親が離婚してしまったから自分はこんなにも不幸なんだと思い、毎日が父や母を恨む日々だったことを切々と語りました。

そして、彼女が五年生のとき、お母さんが再婚しました。作文は次のように綴られていました。

「父と母の再婚です。突然父親が出来たことへの戸惑い、唯一の肉親である母をとられてしまうという不安。そんな中でさらに輪をかけて人に対して不信感が生まれ、私は今まで以上に父や母に、まわりの人にも壁を作ってしまいました。本当は素直になって自分を出したいのに出せなく、毎日毎日イライラしていて、両親にはわがままばかり言っていました。

〝私の居場所がない〟と感じ、死にたいとさえ思ったことがあります。こんな娘を持って、私の両親は大変心を痛め苦労したことでしょう。そして、どれだけ心配をかけたことか。それでも父は、決して私につらくあたることはなく、責めることもありませんでした。母もただ優しく笑いかけるだけ……。

私は母がとてもよく笑うのに気付きました。以前は痩《や》せていて、笑っている姿をあまり見かけたことがありません。でも今の父と出会って母はよく笑うようになりました。とても幸せという感じで毎日を過ごしていました。そんなことに気付いた時、母は父を必要としている、母が笑っていれば私も弟も満足でした。私は父の存在をやっと認めたと思います。父は、母と弟と私に安らぎと幸せを与えてくれました。父は、私に優しさを与えてくれました。

この女性講座に来て、父に手紙を書きました。

『私はお父さんが大好きです。血が繋がってなくても本当のお父さんだと思っています』と。今まで素直になれなかった私の精いっぱいの手紙でした。しばらくして父から手紙が届きました。その内容は私への愛情がたくさんの手紙でした。文の最後に、『最愛の娘へ』と書いてあるのを見て涙がとまりませんでした。娘であることを認められた充実感・幸福感はいつまでたってもきっと忘れられないでしょう。

私は新しい父から優しさを教わりました。母から人を愛するという心を教わりました。

だから母には〝子供たちに深い深い悲しみを与えてしまった〟と嘆かせないように、私は自分自身に自信を持って輝きたいです。父と母に安心してもらえるように毎日を精いっぱい生きていきたいと思います」（財）モラロジー研究所 柏生涯学習センター資料）

彼女は、両親の離婚と母の再婚という経験を経て、新しい家族の中に自分の心の居場所を見出したとき、「お父さんやお母さんにこれ以上心配をかけてはいけない」「自分自身に自信を持って輝きたい」というように、彼女自身の人間として生きる力がふつふつと湧いてきた様子を発表してくれました。この発表に私は本当に感動したことを覚えています。

子供の心の中に、生存の基盤をしっかり確認して生きる力を培うためにも、私たち親がいかにして子供に心の居場所を与えるか――このことが、今、日本の家庭に問われていることではないかと感じるのです。

## ナショナル・アイデンティティーを求めて

先ほど、「ナショナル・アイデンティティー」について少し触れましたが、家族がもっとも基本的な共同体であるとすれば、国家はもっとも包括的な共同体です。その国家も、われわれの生存の基盤としてとても大きな意味を持っています。

人間にとって国家（国籍）というものがどれだけ大切であるかということについて、国際的な難民救援活動に尽力されている犬養道子さんは、次のように表現しています。

「人間生存上不可欠なものとは何か。国籍である。（中略）人間は、肉体と精神と、そしてパスポートを持つ存在である。人間はいのちとパスポートによってのみ、生存可能である」（犬養道子著『人間の大地』中央公論社、一九八三年）

海外に出かけるときには、私たちはすべてパスポートを携帯しなければなりません。日本国のパスポートは、その旅行者が日本国民であることを日本国政府が証明し、旅先の関係国に対して保護を要請するものです。こうした国家が発行するパスポートの重みと重要性を、どれだけの日本人が感じているでしょうか。

私は、これまで、特に日本の若者は、国家といったものに対する感覚が極めて希薄であると感じていました。ところが、サッカーのワールドカップやオリンピックといった国際競技を通して、若者の間にも少しずつナショナル・アイデンティティー、つまり国に対する意識が高まってきているように思います。

少し前の話になりますが、平成十四年（二〇〇二年）の六月十八日のことです。この日は、サッカーワールドカップの決勝トーナメントで、日本がベスト8をかけてトルコと一戦を交える日でした。キックオフは、宮城スタジアムで午後三時半と決まっていました。ところが同じ時間帯に、麗澤大学で私が担当している「道徳科学」の授業が組まれていました。私は、「これは授業をやっても学生は来ないだろう」と思い、一計を案じました。『ワールドカップを見たければ見てもよい。しかし、来週までに『サッカーワールドカップとナショナリズム』というテーマでレポートを書いてきてください。レポートの提出をもって出席と認める」ということにして、その日の授業を行いました。

当日には、三分の一ぐらいの学生が授業に出ましたが、その大半はすでに敗退していた中国からの留学生で、日本人の学生はほとんど出席しませんでした。さて、いよいよ翌週になりました。授業が終わると、私が出した課題のレポートを日本人の学生が続々と提出したのです。

## 若者に広がるナショナリズムの高まり

普段、私が毎時間課するレポートや感想文は、学生が義務的に渋々書いてくるため、面白いものは少ないのですが、そのときのレポートはさすがに面白く、彼らが思いのたけをぶつけてくれていました。そのレポートの一部を紹介します。

「ワールドカップは、今も昔も相変わらず、若者には熱い力があることを証明した。いや若者というより日本人にはまだまだ熱い力があるということだ」「現代のキレやすく無気力な若者は、腐敗した世の中によって引き起こされた伝染病ではないか。ワールドカップにも少しは感染しているかもしれないが、それは私たちにとって新鮮で爽やかな風であった。ワールドカップは、私たちの心を矯正してくれたのである」（月刊誌『れいろう』二〇〇二年九月号、モラロジー研究所刊）

こうしたレポートを見ていると、彼ら若者にとってサッカー選手たちは、テレビのアイドル以上であり人生の師といってもいいような位置づけにあるように感じました。次も学生の意見です。

「現代の若者は大人の背中を見て育っているのだ。先を歩く者が見本の背中を見せてくれれば、若者も、それを黙って見て育つ」「私の胸を熱くするのは、世界で一流と呼ばれる選手たちの後ろ姿である。その未知数の努力と精神力の強さに感動し羨《うらや》むのである。彼らの努力、そして大舞台に飲まれることのない強さに、私は熱くなった」（前掲『れいろう』）

「欧米化する若者が多い中で、ワールドカップで目についたのは大和魂という言葉であった。この言葉はまさに、日本の民族性を示す象徴ともいえるものである。日本のサッカーには、どこか大和魂の香りを感じる。最後の最後まで諦《あきら》めないプレー、組織したプレーのことである」「日本チームを応援する人々の胸の中にあるものを愛国心と受け止めてもいいのではないか。母国を愛し、その勝利に狂喜し、その負けに涙する人々を、バカげていると一言でまとめることなどできない。現代人でも母国を思っていること、大和魂を決して捨てたわけではないことは新たな発見である」「共通のルールの下に国々が集い、民族性をぶつけ合い認め合うのがワールドカップ。今回のワールドカップは、私たちの心の在り方を強くし、人格を矯正し、大和魂を復活させてくれた」（前掲『れいろう』）

このような見方をしている学生がいたことは、私にとって新鮮な発見であり、驚きでもありました。

もっとも、こんな学生ばかりではなく、もっと冷めた学生もおりました。

「近ごろ、個性のある人間が増えてきて、まとまることのなかった若者たちまで一体にまとまった。君が代も大合唱した。ワールドカップを通じて、日本に愛国心が生まれたのだ。しかし、世間が言うようにナショナリズムが生まれたかというと、そうではない。九

○分のナショナリズムである。まだ余韻を味わっている人もいるかもしれないが、もう日本国民であるという意識は消えているだろう。皆、日々の生活に追われて、自分のことだけを考えているだろう。ナショナリズムではなく、一体になる喜びを感じただけである」

（前掲『れいろう』）

これも正直な学生の感想です。国家、愛国心、ナショナリズムというものに対して、当然熱い見方と冷めた見方があるわけです。しかし、こうしたサッカーのワールドカップやオリンピック等を通して、以前よりはナショナルなものについて語ることに抵抗感がなくなってきたのではないかと思います。日本の歴史をもっと勉強したい、日本人であることに誇りを感じているという学生が増えてきています。

一方、冷めた学生のレポートが物語るように、今、一時的・感情的に盛り上がりつつある愛国心やナショナリズムは、極めて無機質のものであるようにも思えます。無機質の反対は有機質です。私は、若者のナショナル・アイデンティティーにもっと有機的な背景、バックグラウンドを与えてやる責任が、大人にはあるのではないかと感じます。有機的というのはどういうことか。それは、やはり歴史的な裏付けを与えるということであろうと思います。

私たちが国とのかかわりを考える場合、国家には、法的・政治的側面と歴史的・文化的側面の両面があると思います。法的・政治的側面は、選挙などを通して政治に参加することで、市民としての役割や責任を果たしていくことです。戦後の民主主義教育は、主としてこの側面において、私たちと国のあり方を考えてきたのではないかと思います。しかし国家には、長い歴史の中で培われた、それぞれの国に独自な民族的・系譜的な伝統があって、それが日本という国の歴史的・文化的な特質を形成し、私たちの考え方・生き方の中に脈々と受け継がれているのだと思います。戦後の教育においては、この点に対する配慮に欠けるところがあったのではないかと感じるのです。グローバル化する世界の中で、これからのわが国のあり方は、どのようにして歴史的・文化的なものに根ざした政治的・市民的な仕組みを作り上げていくかという大きな課題を抱えているのではないでしょうか。

## 歴史教育を通して伝える日本の伝統文化

新渡戸稲造《にとべいなぞう》が三十七歳のとき明治三十一年（一八九八年）に『武士道』を著して、すでに百年以上が過ぎました。私はこの本を読んで非常に感動しました。

新渡戸稲造はベルギーの碩学《せきがく》から、「あなたは日本の学校では宗教教育がないと言われるが、それではどのようにして子孫に道徳教育を授けるのか」と問われて、ハタと返答に窮したわけです。しかし、よく考えてみると日本人には十分善悪の観念がある。そのような観念を吹き込んだものは武士道だったのではないかと思いあたり、『武士道』を英文で書いたわけです。そして、国際派の新渡戸稲造は、時にはシェークスピアを引用し、ヨーロッパの騎士道などに言及しながら、それらとの比較を通して、日本の武士道を論じたのです。

日本古来の大和魂を中心にして、仏教や儒教が日本に入ってきて、そういうものが混然一体となって、高い武士の精神性が築き上げられてきたことを懇切丁寧に述べ、「義」「勇」「仁」「礼」「誠」「名誉」「忠義」といった武士道の特質を分かりやすく論じています。私はこの本を読んで、わが国の歴史の中で、私どもの先人がこのような高い道徳性を保持していた時代があったことを知って、たいへん大きな喜びと誇りを感じました。

私は、歴史教育を通して、このようなわが国の伝統文化の中で優れたものをしっかりと若者に伝えていくことが、今、たいへんに重要なことであると思います。そのことを通じて、若者が日本の伝統文化にわれわれの生存の基盤があることを認識できたとき、彼らの目の輝きがきっと違ってくるにちがいないと思うのです。

私は今、モラロジー専攻塾という全国一小さい私塾で、二十名の若者と一緒に研修していますが、その塾生の姿を通して感じることは、今の若者は自分のナショナル・アイデンティティーを学び、また、それを知れば知るほど喜々としてくるように思うのです。そういう姿を見ると、私たち大人のほうが「国の大切さや愛国心などと言っても、若者は理解してくれない」といった色眼鏡で、彼らを見ているのかもしれません。むしろ、今の若者のほうが、柔軟に、そして純粋に日本という国を捉《とら》え、日本の伝統文化の善《よ》さや日本人が誇るべき精神をしっかりと受け止めていくのではないかと感じます。

そして、私は、世界の文化の多様性を大前提にしたうえで、閉鎖的で独善的ではなく、開かれた愛国心やナショナリズムを、より多くの若者たちに培っていくことが必要であると感じるのです。ユネスコが二〇〇一年に採択した「文化の多様性に関する世界宣言」に見るように、人類は、グローバリズムによる人類文明の画一化を阻止するためにも、ローカルな伝統や文化の多様性を認め、それぞれの民族・宗教・文明が独自性を発揮し、その多様性を尊重しあいながら、その奥底に響きあう「通底の価値」を見出そうとする「互敬《ごけい》の精神」こそ人類生存の鍵であるという指摘にも、十分耳を傾けたいものです。

## 今、求められる生存の基盤を培う教育

これまで述べてきました生存の基盤を培う教育は、いのちの連続性を深く認識して、いのちの継承・発展をめざす教育でもあります。私たちは、太古から今日まで悠久の時を経て、宇宙自然が万物を生成化育するいのちのはたらきを受け継いできた結果、この世に生を享《う》けることができたのです。この有り難い生を享けたことに感謝し、私たちもこの宇宙自然のはたらきに同化して、いのちのリレーランナーとして次の世代を慈しみ育てる営みに参画することが人生の意味であり、教育の目的であると考えることができるでしょう。

私は、大学の授業で学生諸君にその日の授業の感想を書いてもらうことにしています。あるとき、一人の女子学生の感想文に、「今日、先生からいただいた言葉、それはいのちのリレーランナー」とあり、次のようなことが書かれてありました。

「今まで私は、自分は一人で生きていると思っていた。でも、今日、先生から、私たちはいのちのリレーランナーとしてこの世に生を享けているんだということを教わって、私に与えられたこのいのちは、無数の祖先から受け継がれてきたもので、それを親が受け継

いでくれ、そのいのちをまた私が受け継いでいるんだということを心から感じることができました。今までは私は自分の力で生きているんだと思いこんで、だからどのように生きたって自分の自由だと思っていました。ところがかえって自由をもてあまし、自分は何をしたいのか、どのように生きるべきかが分からなかった。けれども、親から与えられたいのちを最大限に輝かせて、やがて結婚もし、そのいのちを次の世代に伝えていくところに、私の人生の位置づけがあるとするならば、そこに自分が生きることの意味、生きる目的があるような気がします」

私はこの感想文を読んで、本当に嬉しく思いました。まさにこの学生は、いのちの連続性ということをしっかり受け止めてくれたのです。自分と親とのいのちのつながりが実感できると、親から受け継いだかけがえのないいのちを大切にしたいという気持ちが芽生え、そのことが親がいちばん喜んでくれることだという気づきに発展するのではないかと思います。それまで自分探しの旅を続けていた学生も、このいのちの連続性に目覚めることによって、生きる意味や人生の意味に気づき、元気になっていくような気がするのです。親とのいのちの交響が、学生にとっては生存の基盤を培うこととなり、アイデンティティー確立の土台になっていくのではないかと感じています。

私は、私たちが世代を超えて受け継ぎ、受け渡していくいのちには、三つの側面があると考えています。それは「生命」と「精神」と「歴史」のいのちです。

最初は「生命」的いのちの継承・発展です。

生命の継承・発展が力強く行われるためには、まとまりのある安定した家庭を築くことが不可欠でしょう。そのためには、まず家族が親・祖先を思う真心を養うことが必要ではないでしょうか。例えば祖先の霊を祭り、父母を敬愛し、安心と満足を与えることです。また夫婦は互いの背後に親・祖先の恩恵があることを自覚し、敬愛の心を持って人格を尊重しあうことが求められるでしょう。このことが家庭教育の基礎となり、家庭における徳育の基盤となるはずです。家庭における徳育、言い換えれば品性教育の中心は、神仏と親・祖先に対する感謝・報恩の精神を養い、親・祖先から受け継いだ生命と慈愛の心を子供に伝えて、一人ひとりの子供に生きる力を育てることだと信じます。

第二は、「精神」的いのちの継承・発展です。

私たちは、生命のリレーランナーであるばかりではなく、精神的ないのちの継承・発展を通して人生の意味を探求し、その理想を実現していく存在でもあります。最初は親から人生の指針を学び、やがて多くの師や先人から人生の拠り所となる価値観を習得していきます。人生の究極的な意味を探し求めて、私たちの精神を導く教えの源流に遡《さかのぼ》れば、枢軸《すうじく》時代とも精神革命の時代とも呼ばれている紀元前数世紀のころから次々と登場した人類の教師たち（ソクラテス、イエス、釈迦、孔子など）の生涯に行き着くでしょう。これら聖賢の教えは、宗教や思想という形で、各民族や各国の歴史や文化の中に受け継がれています。人類は、古い時代からこのような諸聖賢の高い品性と道徳によって精神の教育を受けてきたのです。その教育は社会に平和をもたらすうえで、また、人々の苦しみや悲しみを癒《いや》し、安心と喜びを与え生きる力を高めるうえでも、偉大な功績を残してきました。民族と宗教が厳しい対立のさなかにある今日、文化の多様性を尊重し、継承しながら、そこに通底する道徳的価値を探求して人類の共存を図っていくことが、道徳教育すなわち品性教育の重要な課題です。

もう一つは、「歴史」的いのちの継承・発展です。

私たちは、それぞれの国にあって、その歴史のいのちを継承し、発展させていく存在でもあります。私たちが毎日安心して生活ができ、幸福を求めて歩むことができるのは、国家が独立を保ち、秩序と調和を堅持しているからです。私たちは祖国の建国以来の物語を受け継ぎ、先人の足跡に学び、祖国を愛し、国家の尊厳を重んずる心を培養する必要があります。これが祖国愛・愛国心です。

日本では、ご皇室が建国以来、祖先祭祀《さいし》を継承され、栄光のときも苦難のときも国民の平安を祈り、一貫して国民統合の象徴として道徳的権威の中心であり続けておられます。私たちは、その精神に倣《なら》い、一人ひとりが品性の向上に努めるとともに、それぞれの本分を尽くして一隅を照らし、公共の精神を開拓する努力を忘れずに、国家の存続発展に参加し貢献することが、国民の務めではないでしょうか。

以上、述べてきました宇宙自然の万物生成化育のはたらきに同化し、感謝と報恩の心でいのちの継承・発展に寄与しようとする生き方は、これからの家庭教育・道徳教育・歴史教育の基本であるばかりではありません。科学技術文明の負の遺産を見直し、いのちの循環と共生の思想を確立して、地球規模の環境破壊を食い止め、人類の持続的発展を成し遂げていくためにも、重要な意義を持つものだと信じます。いのちの連続性をよくわきまえて、いのちの継承・発展をめざすことを教育の基本理念として、私たち一人ひとりの生存の基盤をしっかり確立していく教育が、今、もっとも必要とされているのではないかと、私自身は感じております。

**北川 治男**（きたがわ　はるお）

昭和18年(1943)、滋賀県に生まれる。麗澤大学外国語学部卒業、国際基督教大学大学院教育学研究科修士課程修了。ロンドン大学教育研究所に2年間留学。モラロジー研究所研究部研究員を経て、現在、同モラロジー専攻塾塾頭。同社会教育講師。麗澤大学教授。

●生涯学習ブックレット

**品性は生きる力―生存の基盤を培う教育**

平成21年2月20日　初版第1刷発行

著　者　北川　治男
発　行　財団法人　モラロジー研究所
〒277-8654 千葉県柏市光ヶ丘2-1-1
TEL.04-7173-3155（出版部）
http://www.moralogy.jp/
発　売　学校法人　廣池学園事業部
〒277-8686 千葉県柏市光ヶ丘2-1-1
TEL.04-7173-3158
印　刷　株式会社　報宣印刷


ISBN978-4-89639-165-7